JN015076

侍義生活
ハンドブック
【み言編】

光言社

はじめに

天一国《てんいちこく》時代を迎え、天一国の民としての自覚と共に、天の父母様と真《まこと》の父母様を愛し侍《はべ》る「侍義生活」を送ることは、大変重要です。真の父母様は、み言《ことば》やその歩みを通して、天に侍る生活の指針と模範を示してくださいました。私たちはそのような天の伝統をよく知り、生活の中で相続して似る者とならなければなりません。何より、侍義生活を通して、天の心情を相続することが重要ですが、ややもすると儀式をするに当たっても、やり方などの外的な面に意識がいきがちで、心情的に執り行うのが難しい場合があります。

教会草創期の少人数でみ旨を歩んでいた時代には、真の父母様から直接、礼典生活に関するご指導を受けることができましたが、今の時代は、そのような機会を得ることが簡単ではありません。伝統や礼典を形式としてのみ理解するのではなく、その意味を悟り、そこに込められた真の父母様の心情を思いながら実践してこそ、本当の意味で天に侍《はべ》る生活を送ることができます。そのためには、侍義生活に関するみ言《ことば》を理解して実践することが必要不可欠と言えます。

本書は、侍義生活の意義や各礼典に関する真《まこと》の父母様のみ言を集めたものです。既刊の『祝福家庭のための侍義生活ハンドブック』【改訂版】の章立てに基づいて構成し、姉妹本として活用されることを目指しました。同書と併せて使用していただくことで、日々の信仰生活をより深めることができるでしょう。また、本書は祝福を受けた夫婦が家庭を出発する際の教材であると同時に、家庭で父母が子女に礼典生活を指導する際の教材として、さらには青年寮などでみ言を土台とした信仰生活を行うための教材としても使用できます。

本書が、日々の信仰生活に深みを与え、天一国《てんいちこく》の伝統と心情文化を継承し、発展させていく助けになることを願ってやみません。

世界平和統一家庭連合　家庭教育局

侍義生活ハンドブック【み言編】目次

目次

※本書は『祝福家庭のための侍義生活ハンドブック』【改訂版】を基に章立てを行いましたが、編集上、違う構成になっている部分もあります。
※本文中、各文章の末尾にある（　）内の数字は、原典『文鮮明先生み言選集』の巻数とそのページ、または、み言を語られた日付を示しています。
例：（一二三―四五六）＝第百二十三巻の四五六ページ
（二〇〇一・一・一）＝二〇〇一年一月一日

第一章　祝福家庭の生活礼式

第一節　今は侍義の時代

これから、皆さんは、侍《はべ》る生活をしなければなりません。今までは信じることによって救いを得る信仰生活をしましたが、これからは侍ることによって救いを得る時代です。本来、人間が堕落しなかったならば、神様に侍る道を行くのです。侍るときは、皆さんの生活と心で侍らなければなりません。皆さんがどこかに行くとき、必ず前には真《まこと》のお父様が、後ろには真のお母様がいることを感じなければならず、左右と上下には必ず天が共にあることを感じなければなりません。（一五〇―二九四、一九六一・四・一五）

皆さんは、孝子、忠臣、聖人、聖子《せいし》の家庭になるために、今から侍義の生活、侍る生活をしなければなりません。先天時代のサタンと闘っていた時代を過ぎ、後天時代の平和の王権時代に越えていくのです。これは、不可避的なことです。必然的に行かなければならない、「私」の道です。他の人の道ではありません。自分が行かなければ、あの世で引っ掛かるのです。（四九二―二三七、二〇〇五・四・一六）

神様は、妄想的で観念的な神様ではありません。抽象的な神様ではないのです。生活の中で主体性をもち、私たちが暮らしている生活の主人として、常に共にいるのです。侍《はべ》られているだけではありません。愛を共有しながら共同生活をしている神様です。先生は、このような環境で、今まで一生の間、サタンと闘争してきました。このような人に世の中がいくら反対しても、天が守ってくれるところにおいては、サタンは打つことができず、崩すことができません。そのような基盤が立っているので、打てば、彼らが倒れるようになっているのです。（一六八―一一二、一九八七・九・一三）

神様に侍った者として、皆さんは、うれしいとき、神様をどれほど喜ばせてさしあげましたか。皆さんは、おなかがすいたとき、御飯を食べながら感じる有り難み以上に、神様に侍ってさしあげなければなりません。皆さんは、良い物を食べるときや着るとき、そして、悲しいときや困難なときにも、常に神様に侍らなければなりません。そうして、神様の心に記憶される事情を残しておかなければなりません。

（一七―二九一、一九六七・二・一五）

信仰生活の本質とは何でしょうか。神様に感謝する心です。そのような心があるとき、それが、堕落の因縁を越えて神様と私が一つの因縁で結ばれる基になるのです。自分がこの世の中で良い立場に立って、初めて感謝しなければならないのですか。違います。今まで神様は、良いときだけ私たちのために苦労してこられたのではありません。困難なときであるほど、より苦労することを誓われたのです。ですから、今日の私たち自身も、神様を私の親として侍るためには、私の代わりに働かれ、闘ってこられた神様に、良い立場で感謝することよりも、困難な立場でより一層感謝しなければなりません。（二九―三三八、一九七〇・三・一四）

「信仰」というのは、神様に侍《はべ》る生活、侍りながら一緒に暮らす生活です。これをいつも考えていなければなりません。信仰生活は、天をお迎えして一緒に暮らす生活です。（二七七―一六、一九九六・三・一七）

皆さんは、侍義の生活をしなければなりません。朝、寝床から起きて最初の言葉を天の前に捧げ、家を出る時も、第一歩を右足から踏み出して、天の前に捧げなければなりません。普段の習慣がこのようになれば、皆さんの生活は侍義生活になります。（一七―二九六、一九六七・二・一五）

皆さんは、今から、真《まこと》の父母と一緒に暮らさなければなりません。神様は祖父母の立場であり、真の父母は父母の立場であり、自分たちは子女の立場だというのです。三代が共に暮らさなければならないという結論が出てくるのです。神様が「私」と共にあり、真の父母が私と共にあることを感じて暮らさなければなりません。(一三一—九七、一九八四・四・一六)

真の父母がするのは、すべてのことに勝利して、神様の心の奥深いところまで訪ねていき、恨《ハン》を解いてその勝利圏を地上に成し遂げることです。そのような真の父母が出現したことに、皆さんは、感謝しなければなりません。縦的真の父母である神様が、地上に再臨主を送って地上解放を成し遂げるまで、どれほど悲惨だったかを知らなければなりません。私たちは、今、偉大な時代を迎えました。なぜなら、真の父母を中心として孝子、孝女になることを誓えるからです。(二三五—二一、一九九二・八・二四)

今後の歴史は、どのようになるのでしょうか。新郎となる主が来て、新婦に出会う新郎新婦の宗教圏時代が来るようになります。それが真《まこと》の父母宗教です。それはもはや従来の宗教ではありません。宗教というものは、その時になくなるのです。真の父母に侍《はべ》ることによって救援を受けるのです。統一教会でいう侍義の救援時代が来るのです。したがって、真の父母の語る言葉は、自分が語るすべての言葉の根本にならなければならず、真の父母の生理的なすべての感情は、自分のすべての生理的な感情にならなければならず、真の父母の生活は、自分の家庭の伝統的な文化基盤にならなければなりません。（五〇—六一、一九七一・一〇・三一）

侍義時代とは何でしょうか。神様に侍って暮らす時代です。聖書における第一の戒めも、「神様を愛しなさい」というみ言《ことば》ではないでしょうか。後天時代には、神様御自身が真の父母の姿で万民の前に顕現されます。したがって、真の父母に侍る統一教会の立場は、世の中のいかなる力や勢力とも比較できない天の権勢として現

れるのです。（五六五―三〇四、二〇〇七・六・一三）

第二節　祝福家庭の生活法度

今まで私たちは、いい加減に生きてきて、言葉もいい加減に使ってきました。しかし、これからは、私たちの家庭にも規律を立てなければなりません。父母が、腹が立つといって子女を好き勝手にたたいたり、「このどうしようもないやつめ！」という世俗的な言葉を使ったりしてはいけません。今からは、すべてが一新されなければなりません。神様を中心として言葉から、態度から、生活から一新された立場に立たなければならないのです。（二八―二五二、一九七〇・一・二二）

これから皆さんの子孫が、皆さんに対して祭祀《さいし》を行うようにしなければなりません。今はまだ、生活規範や葬儀を執り行う手順などが「統一原理」を中心として定められていませんが、これからその礼法が出てくれば、その時からは適当にしてはいけないのです。これから皆さんは、どのような内容であっても、神様が共にいてくださるという心を中心として、自分の環境を克服し、根を深く下ろして、どのような風霜でも育つ生命力をもたなければなりません。(三二―二九二、一九七〇・六・四)

私たちは、個人中心ではなく、家庭中心です。だからと言って、家庭だけを中心としてすべてのものを清算するのではなく、すべて連結しなければなりません。ですから、昔、独りで修道の生活をしていたときの努力ではいけません。「昔、努力したときの何倍以上も努力しよう」という決意と覚悟を加えなければなりません。

悪に対して挑戦していく生活は、ややもすると疲れて後退しやすいのです。家庭をもったときは、独りのときの何倍も努力しなければなりません。家庭は中心をつかむ場です。私たちは、現実を避けることはできません。前後、左右、上下の関係を家庭で築かなければならないのです。ですから、過去の信仰形態ではいけません。過去の一方的な信仰態度でも駄目なのです。祝福は、死ぬか生きるかの決定点です。（二七一―八五、一九六九・一一・二六）

個人の信仰は、良い指導者に出会いさえすればいいのです。しかし、家庭では、互いに指導者とならなければなりません。家庭は、誰のため、何のために生きるかが問題です。独りのときは、祈ればすべてのことがうまくいきました。しかし、家庭では、反対する人がいれば、その十字架を背負って本然の基準まで貫いていかなければなりません。個人は客車と同じであり、家庭は機関車と同じです。（二七一―八五、一九六九・一一・二六）

夫婦が共に、その日のことを神様のみ前に報告し、出ていって仕事を始め、終えて帰ってきたときも、神様のみ前に報告をしてから御飯を食べるようになっているのです。そのようなことをすべて規範とする生活、神様を標準とした生活がどれほど厳格かを知らなければなりません。女性にも女性として守るべき家庭生活の規範があり、男性にも男性として守るべき家庭生活の規範があります。このような途方もない天的な規範を体系化させて生活するのが、皆さんが行くべき路程です。（三一―二七五、一九七〇・六・四）

父母の愛を受けるには、何をすべきでしょうか。父母様が愛するすべてのものを愛さなければなりません。そのようにしてこそ、愛を受けるのです。自分の父母に愛されることを願うならば、父母の愛を受けようとする息子は、父母がもっているすべてのものを愛したのちに、愛を受けなければなりません。これをしないで愛を受けようとしてはいけません。父母が貴く思うものを自分が勝手に引き継いでは、愛を受けられないというのです。（一三三―二六、一九八四・七・一）

隣人を自分のように愛することより、さらに大きな愛はないと言いました。それが一番の愛です。父母を愛せなかった恨《ハン》が残っているなら、父母の前に孝行する以上の愛をもって隣人を愛するようになれば、必ず孝行できる環境が展開し、孝行のような愛の環境が展開するときは、その人がたとえ父母の前では孝行できなくても、天倫は孝行した以上の価値を分かってくれるのです。（八五―一三〇、一九七六・三・二）

第三節　敬礼式

神様に侍《はべ》る場には、礼服を着て参席しなければなりません。着る礼服ではありません。「心情の礼服」です。心から、み言《ことば》とともに、賛美とともに、感激した心情が流れ出てくるなら、天は皆さんを通して役事されるのです。堕落した人間がエデンの園から追放されるとき、涙を流しながら追い出されましたが、皆さんは、涙を流すとしても、喜びの涙を流しながら、笑顔で神様に出会わなければなりません。

（九―二九六、一九六〇・六・一二）

「私」の目で探し出した神様を見失ってはいけません。私の耳で聞いたその神様、私の感触を通して感じられた神様を、失ってはいけないというのです。さらには、私の心情にしみ込んでくるその神様を、失ってはいけないというのです。これは、誰も干渉できません。いかなる偉大な人、権勢をもった人も、心情に入ってくる神様を引き離すことはできません。ですから、心情に深く入ってくるその神様をお迎えしなければなりません。（九―二九六、一九六〇・六・一二）

今や安息日がなくなり、「安着侍義の日」になりました。神様は、安息日に休もうとはされません。再創造をしてきたので、休む以上に何十倍を蕩減《とうげん》しなければなりません。安着侍義、侍《はべ》ることによって救われるので、「安侍日《アンシイル》」です。安息日よりも「安侍日」です。安着侍義によって救われるので、「安侍日」という言葉に略して使えば、統一教会はどこに行っても分かるのです。八日を守る、驚くべき再出発の祝福安着と侍義の世界、地上・天上理想世界の門が開かれ、入っていける「私」自身になるのです。（四四五―二八八、二〇〇四・四・一九）

統一教会は、安息日の代わりに侍義、侍ることによって救いを得る時代に入っていきます。侍るときは、ただ侍るのではありません。永遠に安着すべき神様が臨在して、家庭に入ってきて安着した場で侍ることによって、神様と一緒に生活できる、解放圏ではなく釈放圏が成し遂げられるのです。今まで、一週間を中心として聖日としてきましたが、十数圏内で最も重要な日が八日です。八日は、再出発の日です。八日が最も重要な日なので、安着侍義の日です。「安侍日」が定着し、神様に侍ることによって、初めて救いを得るのです。（四四五―二六五、二〇〇四・四・一九）

敬礼式は、先生と一緒に始めました。皆さんが先生と共に、毎日のように敬礼式をしているという事実は驚くべきことです。祝福家庭は、真《まこと》の父母もこのような式典を重要視し、自分たちもこのような式典を重要視することを見せてあげながら、自分の息子、娘の前にこの伝統を引き継いであげなければなりません。この敬礼式を通した心情的絆《きずな》は、家庭の父母と子女を中心として、平面的に、横的に形成されるとともに、縦的に真の父母と関係を結べるようにし、四位《よんい》基台、三代が一つになれる関係を結ぶ重要な時間だということを、皆さんが自分の子孫に教えてあげなければなりません。（二八〇―二九〇、一九九七・二・一三）

敬拝するとき、自分が一人で敬拝しているとしても、一人でしていると思ってはいけません。男性が敬拝するときは、自分の妻と二人で一緒に立って敬拝していると思い、女性が敬拝するときは、夫と一緒に敬拝すると思いなさいというのです。そのような立場に立つことにより、男性と女性が一つになったことを表示するのです。それは、祝福を受けた人は、完全に一つにならなければならないことを意味し

ます。（二四二―一二八、一九九三・一・二）

父母が子女の手を握って座り、一緒に祈るのは、どれほど美しいでしょうか。私たちの家庭で朝に敬拝をする時間は、真の父母に出会う時間、神様に出会う時間だという伝統を立てていかなければなりません。真の父母に会いに、神様に会いに行こうというのです。（二一九―三〇六、一九八二・九・一三）

祝福家庭は、毎週、敬礼式をしなければなりません。敬礼式をする日は聖日ですが、聖日にはホーリーフードを食べます。それは堕落することにより、アダム家庭で神様に侍《はべ》って神聖なホーリーフードを分けてあげられなかった恨《ハン》を解いてあげるものです。それを解くために、そのような敬礼式とともに、祝い、願う心をもって、そのような式をしているのです。（二八〇―二八九、一九九七・二・一三）

聖日の敬礼式をするのですが、誰に敬拝するのでしょうか。先生にするのであり、自分の家庭にするのです。天の父母と真《まこと》の父母を王として、侍《はべ》るためのものです。王権を相続するためのものです。いくら忙しいとしても、それ以上に貴いものがどこにありますか。子女は父母に敬拝し、その父母は互いに敬拝するのです。孝の道を教えてあげる父母にならなければなりません。ですから、手本になれる人生を生きる運動なのです。（二九七―一一九、一九九八・一一・一九）

皆さんが敬拝するときは、地上の私たちだけが敬拝するのではありません。必ず天上世界を中心として、天の国を中心として、神様を中心として、祝福家庭と天使世界が完全に一つになって敬拝し、互いの心が懇切な思いになれば、霊界に行っている皆さんの父母、もしくは友が、引っ張られてきます。七十二代を超えて、百二十代までも引っ張られるのです。皆さんが国家基準をいまだ成し遂げていないためにできないのであって、国家基準を成し遂げれば可能なことなのです。（二九八―五

九、一九九九・一・一）

家庭を中心として、家庭の核をつくるためのものが「家庭盟誓《カヂョンメンセ》」です。「家庭盟誓」をつくって何をしようというのでしょうか。骨になる天の父母を、家庭の中心として迎えようというのです。真の愛を探し出して愛することにより、神様が私たちの家庭に訪ねてくるというのです。「私」の体と心が一つになり、体と心が一つになった夫婦が一つになれば、その中に神様が訪ねてくるのです。皆さんの体と心が闘えば、永遠に神様は訪ねてきません。（三八六―一七七、二〇〇二・七・一七）

「家庭盟誓」は、すべての原理の内容を中心として、家庭編成に適した核心的内容を抜粋して記録したものです。そのようなものであることを知って、皆さんは、祈る前に必ず盟誓文を暗唱し、現在の自分自身と自らの家庭の状態が盟誓文のとおりになっているか、いないかをただささなければなりません。そして、盟誓文のとお

りになっていなければ、すぐにそれを是正していかなければなりません。（二六〇―三〇五、一九九四・五・一九）

毎日、「家庭盟誓《カヂョンメンセ》」を暗唱し、朝起きたとき、朝食を食べるとき、昼食を食べるとき、夕食を食べるときにそれを考えなければなりません。そして、寝るときに考え、「私は心と体が一つになり、夫婦が一つになり、子女が一つになることに精誠を尽くしただろうか」と反省しながら、これを毎日の生活の標準にしていかなければなりません。（二六六―一四三、一九九四・一二・二二）

第四節　真《まこと》の父母様の写真

すべての家庭で真の父母様の写真を掲げ、四位《よんい》基台が一緒に敬拝しなければなりません。三代が敬拝しなければなりません。四位基台は三代です。祖父、祖母、母、父、子女たちまで、三代が敬拝しなければなりません。真の父母の名前と共に四位基台圏を成し遂げて敬拝する所は、堕落圏ではありません。神様が直接主管するので、解放圏が広がることにより、天上世界に行ったすべての霊人が地上に来て、天使長と共にアダム家庭を保護するように、保護できる時代に入ったというのです。（二一一―三五〇、一九九一・一・二）

今、父母様は、世界の習慣性を打倒し、国家の習慣性と闘って勝ち、これを大韓民国の家庭に連結しています。そうして、真の父母様の写真に侍《はべ》りなさいというのです。写真は象徴的なものです。実体の影です。写真を掲げておけば、過去、現在、未来の統一が起きることによって、霊界にいる先祖たちが早朝三時になるとやって来て、敬礼式をするというのです。地上にいる自分の一族の世話をしながら、地上で一緒に暮らすのです。これからは、真の父母を中心とした心情圏的条件が成立することによって、霊界でその家庭を協助するようになります。（二一三―四九、一九

九一・一・一三）

サタン世界でも、父母の写真を掛けるでしょう。「終わりの日」が来たので、天の父母に侍《はべ》り、教育の資料として使うのです。「あの写真を掛けた以上、あの方の前で、夫婦同士、むやみにけんかもできない。文《ムン》先生の教えを忘れたか？」と考え、息子、娘に対しても「おいおい、あの文先生の前では駄目だ」と教育するのです。

自分の両親の写真以上に（先生の写真に）侍ることにより、先祖たちが来て、先祖として侍るのです。先祖が来て、その家に侍ることのできる祭壇になります。そうすることにより、天上世界の福を受けられる道があるので、午前三時になれば、自分たちは寝ていても、家の周りの悪魔たちをみな追い出すのです。（二一九―九一、一九九一・八・二五）

イスラエル民族がエジプトから出てくるとき、門の柱に羊の血を塗って災いを免れたのと同じように、先生の写真を持っていれば、それと同じようなことが起きるでしょう。先生の写真をいくらポケットに入れておいたとしても、霊界では分かるのです。皆さんの先祖たちが、これを媒介体にして連結されます。そのような良い材料だと知っているのです。（一三三一一九一、一九八四・六・一）

皆さんは、先生の写真を持ち歩かなければなりません。そうすれば、どのような苦難に遭うとしても、無事に耐え抜けるように保護してくれるでしょう。モーセがイスラエルの民をエジプトのパロ王のもとから脱出させ、カナンへ導くために奇跡を行う時、エジプトの長子が患難に遭って死にましたが、羊の血を門の柱に塗ったイスラエルの民の家は、その患難がすべて避けていったのです。霊界からは、人間のすべての行動を見ることができるだけでなく、保護もしてくれるのです。（一三〇一二九〇、一九八四・二・七）

第二章

聖燭、聖塩、聖土、聖地

第一節　天一国《てんいちこく》四大聖物伝授の祈祷

敬愛する天の父母様（神様）。あなたは御自身の夢を実現するため、天地万物を創造し、（真《しん》の）人間の先祖となり得るアダムとエバを創造されました。

あなたの創造の原則は、人間と一つになることにあったので、アダムとエバが責任を果たし、天の父母様に侍《はべ》る人類の始祖となっていたならば、今日、このような現象は起きていなかったはずです。

しかし、アダムとエバの堕落により、天は六千年という長い歳月の間、恨《ハン》と悲しみの歴史路程の中にありながら、それでも本来、創造した時の理想があるがゆえに、（真の）人間の先祖が現れて御自身を解放してくれるその一日を待ちわびつつ、耐えてこられました。

六千年を経て、一九六〇年、あなたが探して立てられた独り子、独り娘により、

「真《まこと》の父母」の名が地上に誕生しました。

二千年間、準備したキリスト教の基盤が、その環境と垣根になることのできない現実を前にして、どん底から這《は》い上がっていく八段階の路程を通過しながら、真の父母の切なく事情多き日々がありましたが、それでも真の父母は、祝福を受けた子女を多く輩出してきました。

しかし、サタンの勢力圏内にいる、祝福を受けた子女たちには、父母様を中心とする絶対信仰、絶対愛、絶対服従により、父母様と一つになった立場で広がっていくべき責任があるにもかかわらず、その責任を果たすことよりも、まず自分のことを考え、環境に揺れ動く信仰生活をする子女たちをご覧になる真の父母の心は、あまりにも切ないものでした。

天の父母様、もう一度、矜恤《きょうじゅつ》（あわれみめぐむこと）の恩賜によって、真の父母の願いを奉ずる、祝福を受けた子女となり得る条件を立て、真の家庭として、影がない正午定着の信仰基準で、新たに立ててくださった天一国《てんいちこく》の真の民、その使命と責任を果たす祝福を受けた子女となることを願います。

そうして、天の父母様と真の父母が七十三億の人類を抱こうとするその願いに対し、責任を果たす統一の子女として生まれ変われるように祝福するために、もう一度、真の父母の名により、天の父母様のみ前に、矜恤によるこの聖物を通して新たに誕生して、永遠なる本郷苑に行くことができ、影もなく、一握りのサタン圏内の痕跡もない姿になれるようにしてください。

本郷の地に行くことができ、最後に真の子女の姿となり得る祝福の恩賜を下さるこの聖物であることに対して、全世界の統一家の子女たちは天の父母様に喜びながら感謝し、最後、最善を尽くすことのできる、歴史に残る誇らしいあなたの子女、七十三億の人類を真の父母の懐に抱かせることのできる、責任を果たす子女となれるよう、もう一度、矜恤のみ手を施してくださいますよう、真の父母の名によってお祈りいたします。アーヂュ。（二〇一六・四・二一、真の父母様の祈祷）

第二節　聖燭《せいしょく》

ろうそくを見れば、芯を中心として自分が犠牲になるという意味があります。天を中心として人類が一つになり、一つの光を発するためには、犠牲にならなければならないということの象徴にもなります。

火がつくのは、ろうそくでもなければ、芯でもありません。ろうそくと芯が合わさって火がつくのです。夫婦も、主体と対象が犠牲になりながら光を発しなければならないということの象徴にもなるのです。そこにはサタンが存在できません。（一三二―一〇四、一九八四・五・二〇）

第三節　聖塩

喜べる万物にならなければ、喜べる人が生まれません。堕落した圏内で悲しみの万物になったので、喜ぶことのできる万物にしてあげようというのです。このようにするためのものが聖塩です。聖塩によって聖別するのです。何によって万物がそのように汚されたのでしょうか。父母によって汚されたのです。聖塩は、真《まこと》の父母が現れるときから、真の父母様の聖婚式場から始まりました。堕落した父母の愛から、すべての物が汚され始めました。それで聖塩は、真の父母様の愛を中心として、聖婚式場から出てきたのです。聖塩は、新しい愛の関係が縦横を中心として出発した土台の上で始まったので、堕落した悲しみのすべての嘆息圏を取り除き、新しい希望の世界に越えていける絶対的な条件物です。ですから、サタンも聖塩をまけば逃げていくというのです。（五八―二二四、一九七二・六・一）

真の父母がこの地に現れたなら、サタン世界に染まり、サタン世界の支配を受け、関係をもっていた物に接することはできません。神様はその痕跡も願われないのです。ですから、すべて燃やしてしまわなければならないのですが、そうすることはできないので、これを神側の所有物にするための一つの方法として立てたものが聖塩です。聖塩で聖別することによって、燃やされて残ったものを天が新しいものとして受け継いで使用するのです。これが聖塩です。（二六七―七五、一九九五・一・二）

聖塩は麹《こうじ》と同じです。物を買ったときに聖別し、外で過ごして家に戻ったときも、門の所で聖別するのが原則です。聖別した物をサタン世界に差し出してはいけません。避けられないときは、左手であげなさいというのです。聖塩は十字（北南東西の順）にまくのです。（九―七八、一九六〇・四・一二）

私たち食口《シック》は、すべての物を聖別しなければなりません。聖塩をまいて聖別するのは特に問題がありませんが、御飯を食べ、麺を食べ、水を飲むというときに、いつ聖塩をもってそのようにできますか。それでは、どのようにするのでしょうか。

イエス様が復活したあと、「フッ」と吹きながら「聖霊を受けなさい」と言ったのと同じように、そのようにすればよいのです。アダムを造って、鼻に命の息を吹き入れて実体の新しい生命を誕生させたのと同じように、これからは皆さんも生命の実体を代身し、水を飲むとか、御飯を食べるときは、三回息を吹いて食べなければならないというのです。

韓国の風習は不思議です。水を飲むときも、必ず息を吹きかけてから飲みなさいと言うのです。また座るときは、息を吹きかけて座ります。それは、天がこの民族の前に実践できる自然な良心を動かして、私たちに一つの風習として残してくれたのです。これは、すべて偶然にできたものではありません。そのため、心でいつでもそのような聖別をしなければなりません。蘇生《そせい》、長成、完成、六千年の非常に長い時代を三時代として経てきながら汚したものを聖別するために、私たちは、三回息を吹きかけて食べなければならないというのです。(一五〇―三〇三、一九六一・四・一五)

第四節　聖土

※真《まこと》のお父様の聖和《ソンファ》後、本郷苑を中心に立てられた真のお母様の侍墓《シミョ》精誠の基台の上で、真の父母様は天正宮《チョンジョングン》本郷苑の聖土を全大陸に分配し、天一国《てんいちこく》が各大陸と国家に拡張されることを願われました。

天地創造の道理を見れば、核心を先につくってから相対をつくったのではありません。核心をつくる前に、相対的な条件をつくっておいたのです。人を造るために土を先に造っておきました。外的なものを基盤として内的なものを立ててきたのです。それが天地創造の道理です。現在のものよりもさらに大きなもの、価値の小さな所からより価値のあるものを求めていくのです。天地創造の道理がそのようになっているのです。人間の創造を見ても、体を先に造っておいてから霊を吹き入れたのです。（一五二―三一九、一九六三・八・一八）

私たちは、死ぬ前に体と心を一つにして、妻は夫以上に神様を愛し、夫は妻以上に神様を愛さなければなりません。そして、神様の息子、娘たちを神様のように愛することのできる家庭にならなければなりません。そのような家庭が合わさって氏族になり、氏族が合わさって国になり、国々が合わさって世界になり、世界が合わさって天地、天宙平和統一国になるのです。その国は、神様が主権者となり、人類が国民となり、地球星が国土になるのです。（三五七―一九五、二〇〇一・一〇・三〇）

皆さんには、誇るべきものがありますか。お金を誇りますか、学識を誇りますか。何を誇りますか。お父様は、聖和後、本郷苑にいらっしゃいますが、私（お母様）は毎日参拝しています。

韓国の名家では伝統的に、父母が亡くなれば、その墓の傍らに小屋を建てて三年間暮らします。家に行ったり来たりするのではなく、山の中でまともに食べることもできず、きちんと着ることもできずに暮らすのです。寒い冬にも火を焚《た》かずに暮らすのです。韓国では冬に雪がたくさん降ります。そのような所で、土に埋められた父母と共に三年間暮らすのです。そうしてこそ、孝子だと言われるようになります。皆さんはどうですか。皆さんは、真《まこと》の父母様に侍《はべ》るように、み言《ことば》を毎日訓読しながら、真の父母様が残してくださった伝統を受け継いでいかなければなりません。

（真のお母様、二〇一二・一〇・二七）

第五節　聖地

神様と人間と聖地が一致すれば、どのような関係が広がるでしょうか。堕落する前のアダムとエバが復帰された基準を立てることができるようになります。聖地を選定することは、エデンの園で失われた人と地と万物を復帰できる地を備え、人を探し出し、神様と向き合える焦点を決定することです。

また、聖地を決定すれば、どのようなことが起きるでしょうか。アダムとエバが堕落する前は、霊界が正に天使世界でした。天使世界は、アダムとエバが早く完成し、神様の愛を受けられる生活圏内に入ることを願っていました。天使世界は、アダムとエバを協助し、アダムとエバが神様の子女となり、神様を中心とした家庭を形成して、神様の愛を受けられる平和の基盤を築くことを願ったのです。ですから、聖地は神様から祝福を受けた家庭のように聖別された所なので、そこに霊界が協助することができるのです。（一六―七五、一九六五・一二・二六）

聖地を決定すれば、堕落する前の天地が生じた基準と同じです。人間を創造する前に、万物が生じたのと同じです。ですから、霊界が地上に役事する基台が成立し、そこにアベル格であるアダムの勝利圏、堕落していない心情基準をもった私たちの天の子女を送れば、その人を中心として、み言の実体再創造と心情基準の出発が成し遂げられます。それで、世界的に宣教師を早く送ろうとするのです。（一五―一五

（一九六五・一〇・七）

お父様が聖地を選び、祈ることができる地を定めておきました。追われ追い回されるとき、祈る所がなかった私たちにとって、神様のみ前に訴え得る聖地が選定されたということは、歴史的であり、世界的な勝利の立て札を立てたことになります。このような基準を拡大するために、一九六五年に世界を歴訪しながら、四十カ国に百二十カ所の聖地を選定しました。多くの経費を使いながら、様々な国に聖地を選定し、そこの石と土を韓国に持ってきたのですが、（それは）そのようにしなければならない神様の摂理があるからです。このようなことは、歴史にないことです。

このようなことをするのは、天地の運勢に拍子を合わせ、神様の摂理的なプログラムに合わせるためです。四十カ国、百二十カ所の聖地は、神様の選民圏を守ってくれる地です。この地は、肉身をもった人々が守れないとしても、霊界の霊人たちが守ってくれます。神様が共にいらっしゃることのできる立て札を打ち込んで闘え

る基盤をつくり、民族復帰運動の闘いを勝利に導く基点を立てるためのものなので
す。(一六―二六二、一九六六・六・一九)

第三章　礼拝と侍義生活

第一節　礼拝

皆さんにとって、重要な内容とは何でしょうか。天を愛し、地を愛し、万物を愛さなければなりません。それは、どこを中心としてそのようにしなければなりませんか。教会を中心として結束してきたように、教会を中心としてしなければなりません。聖日礼拝、敬礼式を絶対視しなければならないというのです。(二六九—四二、一九九五・四・六)

誰のために教会に行くのかといえば、神様のために行くのです。神様を「私」のものとして所有するために、神様の愛を私の愛として探し出すために、教会に行くのです。(八—一六二、一九五九・一二・六)

礼拝を捧げる時間は、祭祀《さいし》を捧げる時間です。自分の過去を神様に報告して贖罪《しょくざい》するのです。（一一―一六一、一九六一・六・二四）

聖日の礼拝時間のために、三日前から気を揉《も》んで準備しなければなりません。万民の幸福を祈ってあげ、「私」を通して万民が蘇生《そせい》できる復活の権限と、生命の関係を連結させようと身もだえしながら、教会の門に足を踏み入れ、神様のみ前に喉が詰まる思いで礼拝に参加しなければなりません。（二〇―二八四、一九六八・七・七）

天のみ前に出ていくとき、約束というのは、どこに行っても絶対的に厳守しなければなりません。約束を守らない人が何の恩恵を受けますか。そのような人は、行く途中でやめてしまうのです。天は、懇切に慕い、懇切に苦労する人と向き合ってくださいます。誰でも訪ねていけば、向き合ってくださるような天ではありません。そのため、礼拝時間は、絶対に厳守しなければなりません。（一一―一三四、一九六一・

三・一一六）

礼拝時間より早く来た分の時間は、神様のために捧げた時間になるので、千金、万金を払っても買えない価値があります。礼拝時間は、神様に捧げる時間なので、その時間に遅れてくるというのは、神様の恩恵を泥棒することになるのです。礼拝は、定められた時間に出てきて捧げなければなりません。そうすることにより、その分できなかったことを蕩減《とうげん》もでき、神様のみ前に面目を立てられるのです。そのようになれば、きのうよりも良い心をもって、神様のみ前に近づいていけるのです。

（三六―一二五、一九七〇・一一・二二）

第二節　報告祈祷

祈祷というものは、心と体を神様の前に捧げることです。物を神様の前に捧げるのではなく、自分の心と体を完全に神様の前に捧げるための精誠の時間が、祈祷の時間なのです。(二八―二五、一九七〇・一・一)

祈祷というのは何かというと、浄化です。自分の精神を浄化させるために必要なものです。精神を浄化させるために鍛錬する方法として必要なものであり、精神統一するために、それが必要なのです。(一八一―三二二、一九八八・一〇・三)

祈祷するのは、本来の良心基準を取り戻すためです。本来の良心基準さえ取り戻せば、神様に尋ねてみることもありません。すべて通じるというのです。自分が行く道は、はっきりと分かるようになっています。それが、真《まこと》の愛を中心として一体となった心と体の共鳴体です。(二五三―三二〇、一九九四・一・三〇)

皆さんが祈祷しようとすれば、一日の日課を始める前にしなければなりません。

ですから、最も重要な時間がいつかというと、早朝です。この時間が一日の勝敗を左右する大切な時間帯です。この時に祈祷をしなければなりません。（三〇―一二二、一九七〇・三・二二）

難しい問題があるときは、祈りを捧げて解決していかなければなりません。それでは、祈りはなぜするのでしょうか。祈りとは、神様の心情的基準を中心として関係を結ぶものです。ある問題を中心として、真の意味で国を心配し、神様を心配する思いで祈りを捧げれば、神様は、必ず前後を教えてくれるようになっています。そのような役事は、いくらでもあるのです。（三三―一三一、一九七〇・八・一一）

皆さんが活動するところには、二種類の敵がいます。見える敵と、見えない敵がいるのです。この二つの敵は、いつも私たちに向かって共同作戦を繰り広げていきます。これにきちんと対処していくためには、まず敵を知らなければなりません。ですから、皆さんの一日の生活において、最も重要で必要なものとは何でしょうか。祈祷生活です。祈祷を通して見えない敵を知り、見える敵を明らかにしていかなければなりません。（一九—一四六、一九六八・一・一）

たくさん祈れば、一人で生活していても絶対に寂しくありません。祈りは、呼吸するのと同じです。祈りをたくさんすれば、霊的に明るくなります。また、鋭敏になり、善悪に対する分別力がつくのです。（三〇—二八二、一九七〇・四・四）

祈るときは、おなかのすいた赤ん坊がお乳を慕うのと同じような、懇切な心でするのです。（一八—一八五、一九六七・六・六）

祈りの基準が、きのうもきょうも同じ人がいますが、そのような人は信仰生活をする人ではありません。毎日のように同じものを見るのですが、それが毎日、異なるというとき、その人は神秘的な信仰世界に入るのです。それでこそ、偉大な信仰世界に入っていって、新しい世界を発見できます。毎日、同じことを続けても、それが良くて味わいがあれば、続ける中でそれを吸収しながら大きくなるのです。（六六―一〇九、一九七三・四・一五）

祈りは、自分の気が散るような所でするものではありません。奥深い所、天を代表する所、境界線から遠い中央の地に行って祈らなければなりません。ですから、どのように祈るのでしょうか。自分の生涯の切実で重要な問題を祈るためには、自分自身を清め、この境界線と関係のない、永遠にサタンと関係のない所で祈らなければなりません。（一二三―八〇、一九八二・一二・一二）

神霊の世界に入って祈るなら、まず神様のために祈らなければなりません。主人に会う時間なので、主人の福をまず祈らなければなりません。そのようにしてから、イエス様のために祈らなければなりません。神様のために祈ってこそ、歴史的な神様の心情が分かります。イエス様のために祈ってこそ、歴史的なイエス様の心情が分かるのです。その次に、今までキリスト教界でみ旨のために闘ってきた数多くの人々のために祈らなければなりません。堕落以降、アダムとエバから今に至るまで、数多くの預言者が歩んだ一歩一歩をたどりながら、「私が彼らを解怨する祭物になれるようにしてください」と神様に祈りを捧げたあと、預言者たちに、「私はあなたたちの恨《ハン》が地上に残っていることを知り、その恨を解こうと思うので、協助してください」と言いながら、涙を流せるようでなければなりません。そののちに、愛する自分の息子、娘のために祈り、その次に、自分のために祈るのです。天法がそうなっています。(七—三二八、一九五九・一〇・一八)

祈るときは、過去を悔い改め、現在を悔い改めるのです。率直でなければならないのです。「私は、以前このような人間でした。このようなときもあり、このようなときもありました」と悔い改めるのです。そして、このような罪悪のある自分が、今日、この場に立てられたことに対して感謝の心をもたなければなりません。（三六―一一〇、一九七〇・一一・二二）

衣食住を克服し、慢心を克服するために祈らなければなりません。人類と神様を解放しようとすれば、どれほどたくさん祈るべきでしょうか。人類歴史の誰よりも、最高に深刻な立場で祈らなければなりません。「いくら大変でも、私たちは、祈りの道を通してこの道を行ってみせる」という決意を固めなければならないのです。いつでも、二十四時間祈るのです。そうすれば、神様が共にいます。皆さんも、皆さんのことを考えてくれる人を訪ねていくのではないですか。神様も同じです。他の誰よりも神様を考え、神様のために奉献しようというその人を、神様は、訪ねていくのです。（一二八―一七二、一九八三・六・一二）

神様に祈ることは、自分の事情を報告することです。それで近くなるのです。そして、言葉だけでするのではなく、実践して報告するので、報告することが実績として残ります。残される報告なので、天が干渉して祝福するのです。（二三三—一〇五、一九九二・七・三〇）

イエス様の名ではなく、真《まこと》の父母の名によって祈り、今は「祝福中心家庭、誰々の名によって」、このように祈るのですが、今は報告祈祷をするのです。報告祈祷をしなければ、これから第四次アダム時代において、天の所有権の分配を受けることができません。所有権の分配を受けるためには、天の国の代表家庭にならなければならないというのです。（五〇〇—二四二、二〇〇五・七・一二）

これから統一教会は、キリスト教で言う「アーメン」を「아주《アーヂュ》」と変えます。「アーヂュ」とは、「私の家」という意味です。「アーヂュ」というのは、「我（ア）」の字

と感服するすべてのことを意味します。驚く「ああ」や、感服する「ああ」など、すべての恨《ハン》の歴史を越えるのです。「とても（アヂュ）良い！」と言うのであって、それは最高を意味します。

「アーヂュ」の「ヂュ」というのは、「主」の字にもなり、「住」の字にもなります。人として主人になって暮らす最後の場です。「アーヂュ」がそうだというのです。入って住むというのです。「ああ、今や主人になったのだなあ！　主人になったから、私の家に行って暮らさなければならないなあ！」というとき、「私の家」というのは神様の奥の間です。生まれるときは、神様の奥の間だけではなく、神様の妻の腹中、骨髄の中で暮らさなければならないのです。分けることはできません。「アーヂュ、私の家」と言えば、それ以上願うことはありません。神様の内的心情において、分かれることのできない永遠の一体圏を中心とする場所が「私の家」だというのです。「私の家」にもなりますが、一番深い家にもなるのです。二つの意味があるのです。（五三九―一二、二〇〇六・九・一七）

第三節　訓読会

訓読会を通してみ言《ことば》に従い、皆さんの家庭が完成、定着すべき時代が来ました。ですから、そのみ言を聞くとき、流れていくみ言だと思って聞いてはいけないのです。そのみ言は、先生が生死の境で、死が目前に迫る中、「このみ言を残してから逝かなければならない」と思いながら、はっきりと教えてあげたみ言なのです。（一九九二―一二二一、一九九八・三・二八）

先生と関係を結んだみ言に通じるようになれば、み言に通じれば通じるほどその精誠の度数が強くなり、愛の心がそこに宿ります。ですから、み言訓読会を毎日のようにしなさいというのです。訓読会の味が、御飯を食べることよりも、愛することよりもおいしいという人は、無限に発展するでしょう。先生の生涯の一つ一つの場面を、

最高に深刻な立場で集めて宣布したのです。（三〇八―一二二、一九九九・一・五）

訓読会の「訓」の字は、言偏に「川」ですが、川は水です。水は流れていくのです。水は流れてこそ生きます。「訓」というのは、み言の水を象徴しているので、動いてこそ生きるのであって、そのままでは腐ります。水は高い所から低い所に流れていかなければなりません。ひたすら伝授してあげなければならないのです。澄んだ水が流れなければならず、汚れた水が流れてはいけません。純潔精神がそこにあるというのです。訓読会は水のようにみ言を流すのです。み言の水を閉じ込めておけば腐ります。「読」の字は、言偏に「売」なので、み言を分け与え、広めなければなりません。訓読には、そのような意味があるのです。（三七一―一八八、二〇〇二・二・二七）

先生は、適当に話しているように見えても、公式的なものを抜かすことなく話しています。じきに先生は、霊界に行かなければならないので、五十年間精誠を尽くして語った内容がどのような影響を及ぼすのか、鑑定しているのです。訓読会のチャンピオンが先生です。み言《ことば》は誰から始まりましたか。神様から始まったのです。そのような事実を知っているので、先生は、それを適当に考えることはできません。深刻なのです。(三二一―二八五、二〇〇〇・五・九)

訓読会の良いところは何でしょうか。本を配ってあげて訓読しながら、本を持った人が読み終われば、「次は誰々が読んでください」と指名するのです。このように訓練しなければなりません。そして、訓読する人が十人来たら、必ず三分の一の三人に、関心のある所について質問させるのです。時間が足りなければ、数人にだけ質問させて、その質問に対して解説してあげるのです。それが講義よりもっと重要です。本を三回だけ読めば、はっきり理解できるのです。(二九六―三三〇、一九九八・一一・一八)

なぜ訓読会をするのですか。自分で○×をつけて、自分がどのようなことをし、何と何はできなかったということを知らなければなりません。できなかったことがあれば、蕩減《とうげん》条件を立て、自分の家庭を中心として整備するのです。(三五八―一二六、二〇〇一・一一・四)

皆さんは訓読会を重要視しなければなりません。毎朝、一時間ずつみ言を読めば、その日のすべての事柄や考え方が、とても明確になるのです。精神的な姿勢から明るくなります。先生が何十年も前に話した言葉ですが、時間的な隔たりがありません。そこには、その時の真剣さがそのままあり、み言に対する感情が常に生きているのです。(三〇九―一九二、一九九九・五・八)

訓読会は、きょう自分が何をするか、各自が残すものを見つけるためにするのです。聞くためにするのではありません。生きるためにするのです。自分が主体になって、再創造過程の環境を拡張するためにするのです。ですから、毎日しなければなりません。（三〇八―九四、一九九八・一一・二一）

いつも神様と共に訓読会をするのです。皆さんが父母と共に訓読し、兄弟と共に訓読会をすることが、どれほど福であるか分かりません。それが、神様に侍《はべ》って暮らすことなのです。お父様と皆さんが主体と対象として、同じものを聞き、感じ、経験することで、一つになるのです。そのようになってこそ、幸福と完成がありま す。（二九五―二六九、一九九八・九・八）

第四節　献金

献金とは何かといえば、世界のために、神様のために祭物として使うものです。

お金は、万物を身代わりするものなので、そのようにすることによって、すべての万物が嘆息することなく、天のみ国に行ける道が開かれるのです。（一二五―一八八、一九八三・三・二〇）

今日、この地上に広がっている万物は、とてもかわいそうな立場にいることを、皆さんは知らなければなりません。神様の希望の中で造られた万物だったのであり、神様があらゆる精誠をすべて込めて造った万物でしたが、人間が堕落することによって、万物は、人間の代わりに贖罪《しょくざい》の過程を経なければならなかったのであり、悲しく犠牲にならなければなりませんでした。人を祭物にして祭祀《さいし》を捧げることはできないので、万物を祭物とし、犠牲の祭祀を捧げてきたというのです。（一六―二五九、一九六六・六・一九）

皆さんは、統一教会に入ってきて、「蕩減《とうげん》復帰」という言葉を学びました。蕩減復帰するためには、祭物的な条件が必要ですが、祭物を捧げるためには精誠を尽くさなければなりません。思いどおりにできるなら、どれほどよいでしょうか。自分の思いどおりにすれば、神様が受け取れないのです。話にもならないというのです。そのため、条件物は「私」の生命の代身です。(六三―三三八、一九七二・一〇・二二)

祭物を捧げるときは、汚れていないものを捧げますか、使い古したものを捧げますか。清いものです。なぜそうしなければならないのでしょうか。サタン世界の汚れていないものを取ってこなければならないからです。天の世界の汚れていないものを、誰が奪っていきましたか。サタンが奪っていったのです。ですから、神様に精誠を尽くすとしても、汚れていないものをもって精誠を尽くさなければなりません。そうしてこそ、神様と関係を結ぶのであって、使い古したもので精誠を尽くしてはいけません。(四八―八四、一九七一・九・五)

十分の一献金は、「私」が所有している物の中から十分の一を神様に捧げることにより、全体を捧げるという意味があります。神様に全体を捧げるのではなく、その中から精誠を尽くして十分の一を捧げるというのは、そのような意味で価値があるのです。そのように十分の一を捧げることにより、残りの十分の九も聖なる物として取り扱われるようになります。このように十分の一献金を捧げながら暮らす人は、絶対に滅びません。日がたてばたつほど、その人の「天の倉庫」があふれるようになっているのです。（三二―二四〇、一九七〇・六・四）

精誠を尽くして十分の一献金をすれば、絶対に飢え死にしません。その子孫が、物質に関して窮乏に遭わないのが原則です。十分の一献金を捧げるために精誠を尽くさなければなりません。それが信仰の本質です。適当にするのは通じません。祭物は、自分の生命の代わりに捧げるのです。（六三―三三八、一九七二・一〇・二二）

精誠を捧げ、恩恵を受けていく代価として、感謝献金をするようにしなければなりません。精誠のないお金は、天が願いません。精誠を込めたお金でなければならないのであって、ポケットに入れてあったお金を、そのまま献金してはいけません。三日以上身につけて聖別し、それから献金しなければなりません。自分の生命、財産をすべて入れなければなりません。先生は、もっている財産をすべて捧げました。その捧げた物を通して、世界の物質が渡ってこれるように橋を架けるのです。そうすれば、永遠に滅びません。永遠に生き残るのです。(一六六—三一九、一九八七・六・一四)

精誠を込めた献金や礼物と向き合うとき、その価値を知らずに向き合っては、精誠を込めた礼物に審判を受けます。王も身の振り方を誤れば、すなわち精誠を尽くした人にいい加減に向き合えば、滅びるのです。その王に従った人々も、精誠を尽くす人に反対すれば、天の逆賊として追いやられます。そのため先生は、精誠を尽くす人に、いい加減に向き合わないのです。(一八—一四三、一九六七・六・四)

第四章　夫婦愛と子女誕生、養子縁組

第一節　夫婦愛と出産

夫婦は、一緒に行動しなければなりません。一つにならなければなりません。どこかに行って座るときも、別々に座るのではなく、一緒に座りなさいというのです。夜も昼も、いつでも一緒に通じることができるのが夫婦だというのです。夫婦でなければそのようにできないのです。夫婦でない男性と女性が、一つの部屋に入って寝ることができますか。そのようになってはいません。

今後、理想世界では、夫婦が仲良く歩けば、未婚の女性と男性はその人たちに挨拶をしなければなりません。これからそのような時が来ます。夫婦が一つになっている姿を誇らしく思い、それを賛美する社会風土にならなければなりません。さらには、祝福を受けた家庭の夫婦が歩けば、今後はそのような標識が立つでしょう。その人々は、どこに行っても社会からあがめられ、多くの人々がその夫婦に対して

賛美し、尊敬できるようにならなければなりません。（六七―六一、一九七三・五・二〇）

復帰の道に立った私たち夫婦が、本然の世界に向かっていくときに、常に神様の創造理想の心情を感じなければなりません。それに満たされて、生涯をかけていく路程で、感謝の一念をもって過ごさなければなりません。それが、今から祝福家庭が、創造目的を成し遂げるために行かなければならない路程です。そこに苦労することがあったとしても、それは私たちを苦しめるためのものではありません。天に今まで秘密に積んでおいた無限の祝福を、もっとたくさん下さるために、神様はこのような苦労の道を行かせるのです。それは、有り難いことです。

心情的な愛によって結ばれた夫婦は、その愛情が生活圏を乗り越え、生涯を乗り越えて、神様の目的と間違いなく一致した家庭をつくらなければなりません。そうでなければ、神様がいらっしゃる天国に帰っていくことができません。これが、創造なさった神様の目的です。そのような家庭に向かっていかなければなりません。

（三五―一八〇、一九七〇・一〇・一三）

暮らしが大変なのは、不幸なことではありません。どれほど天とひそかに近くなれるかが、幸福と不幸の別れ道です。個人が滅びるのは大丈夫ですが、家庭が滅んではいけません。夫にとっては妻が、妻にとっては夫が、世界で最も必要な人です。ですから、互いに助言をしてあげながら杖《つえ》となり、共に働く人にならなければなりません。（二七―八七、一九六九・一一・二六）

人間の価値を知らなければなりません。夫も神様の代身者であり、妻も神様の代身者です。また、母親と父親も神様の代身者であり、「私」という存在も神様の代身者です。夫は四代を代表します。祖父、父、夫、兄弟を代表します。この四つの愛を中心に、その代表として相続されたのが夫婦です。それで、夫婦の愛が貴いのです。

ですから、夫婦が壊れる時は、人類の愛、祖父母の愛、父母の愛、兄弟の愛も壊れてしまいます。人間は、宇宙で神様に侍《はべ》って生きるようになっているからです。(二二四―二四四、一九九一・一一・二四)

男性と女性は、何がお互いに違いますか。生殖器を含めた体が、まず違います。それでは、男性の生殖器と女性の生殖器は、誰にとって絶対に必要ですか。男性の生殖器は女性のためにあり、女性の生殖器は男性のためにあるのです。人間の生殖器は、一つは凸であり、一つは凹ですが、なぜそのようになったのですか。二つともとがったようにするとか、二つとも平らにすることもできるのに、なぜそのように違って生まれたのですか。すべて相対のためなのです。男性がもっているものは女性が絶対に願い、女性がもっているものは男性が絶対に願うのです。女性がもっているものは男性のものであり、男性がもっているものは女性のものだという事実を知りませんでした。(二九九―一二〇、一九九九・二・七)

男性が女性の部屋に入っていくときは、天地に一つしかない女王の場に入っていくのです。女性が男性と向き合う場は、王に侍るために入っていく場です。そのため、敬拝して入らなければなりません。三拝して入り、迎えなければならないのです。自分の夫に敬拝して入っていき、愛し合ってみたことがありますか。ですから、家庭教育もそのようにしなければなりません。父の部屋に入るときは、母が神聖な服で着飾ってすべてを備え、外出するときよりもさらに美しく装って入らなければならないのです。（二六一―二二二、一九九四・六・一九）

夫婦が、神様を愛して人類を愛する心の基台の上で、爆発するようにお互いに愛すれば、その家庭によって神様が酔い、宇宙が酔うことができるようになるのです。その愛は、神様のための愛であり、人類のための愛とならざるを得ません。その愛の根は、自分にあるのではありません。神様が愛の根源です。（三五―二四〇、一九

七〇・一〇・一九）

夫婦の愛を中心として一つになった立場は、創造当時に、アダムとエバと天地万物を造った、神様の愛を体恤《たいじゅつ》できる立場です。この立場で、子女、兄弟、夫婦、父母の実体的な代身者として完成したので、最初の創造主である神様の立場と同じように、霊肉を中心として第二の創造主の立場に立つのです。そこには、子女の愛、兄弟の愛、夫婦の愛、父母の愛が詰まっているので、第二の創造主の立場、対象の立場に立つようになります。それで、創造の喜びを感じられるように、神様が与えてくださったのが子女です。子女は、天の国の王子、王女です。（二三九―二四〇、一九九二・一一・二五）

子女とは何でしょうか。神様がどれほど人間を愛したかを教育することができ、それを教えてくれ、体恤させるためのものが子女です。その子女を通して、神様がアダムとエバを造っておいて、どれほど喜んだかを知るようになります。皆さんが子女を愛するのは、神様が人間始祖を造っておいて喜んだのを体験することです。神様と同じ立場で、子女を愛することのできる人にならなければならないので、息子、娘を生まなければならないのです。（一四二―一一九、一九八六・三・六）

祝福家庭が赤ん坊を抱いて愛するとき、その息子、娘が何ゆえに生まれたのかということを肝に銘じなければなりません。神様ゆえに生まれたということを知らなければなりません。神様との関係を通して生まれたのです。夫が貴く、妻が貴くて、秘密裏に何の話をするとしても、その相対は自分たち同士で出会った相対ではありません。公的な天道を前にして会った人です。神様を介在させて出会った人なのです。（六七―二九三、一九七三・七・二二）

第二節　胎教

愛は、どこから響いてくるのでしょうか。母のおなかの中からです。先に母の愛から受けるのです。子女を中心として、相対的に先に愛する人は母です。父も愛しますが、子女がおなかの中にいる十月の間、大事に抱いて、けがをするのではないか、傷つきはしまいかと、愛する心で言葉にも気をつけ、生活にも気をつけ、すべての態度も端正にして、胎教期間を経る過程で、腹中にいる赤ん坊を自分の生命よりも愛した人が母だというのです。愛は母から始まるのです。（四四―一〇六、一九七一・五・六）

私たち自身を見るとき、「私」が一生の間暮らすところはどこから始まるのでしょうか。結局は、父母から始まるというのです。皆さんはどこから暮らし始めたかといえば、生まれて生きる前に、親の腹中で暮らし始めたのです。腹中にいるときは、母のすべての要素を吸い、すべてを吸収して大きくなります。腹中にいる赤ん坊が望むことがあるとすれば、母がいつもうれしく思い、喜び、歌を歌って幸せそうにすることです。それが腹中にいる赤ん坊の最高の願いでしょう。ですから、胎教というものが必要です。美しい歌を聞き、美しい景色を見て、美しいことを考えなさい、というのです。そうすれば、赤ん坊にも良いのです。(七四―一二、一九七四・一一・一〇)

女性が妊娠して十カ月を過ごす初期、つわりが起きるのは、信号です。なぜそうなるかというと、同情してあげなさいという意味なのです。宇宙が同情してあげなさい、保護しなさいと知らせる信号です。おもしろいでしょう。宇宙が保護してくれることを願う信号だというのです。

また、むやみに近づいてはいけないという警告です。「ここに注意しなさい、気をつけなさい」という信号なので、つわりは悪いものではありません。

母親がひどいつわりをして生まれた赤ちゃんは、神経が鋭敏です。アンテナが敏感だというのです。このような人たちは、宗教的な人になるか、文筆家になるか、詩的な面など、そういう方面に敏感な人です。牛のようにのんびりした子を妊娠すると、そんなにつわりがひどくありません。

女性たちは、つわりがひどいと感じるときは、「坊や、なぜこうなの？」と不平を言ってはいけません。そういうときほど、大きい風呂敷のような心をもって、お母さんとして、子供に神経質に対してはいけません。

毎日つわりがあっても、「ウェー」と言ったあと、「ホホホホ」と笑うのです。違いますか。すると、神様も「どれ、見てみよう」と言って喜ばれるでしょう。（一六五―一〇一、一九八七・五・二〇）

つわりがあるのは、おなかに子供がいるから注意するようにというサインなのです。つわりがある時は、食べ物、姿勢に注意し、過剰と思えるほどに、安全に気をつけなければなりません。そう考えてみれば、つわりは良いことなのです。今まで、つわりが嫌だと思ったでしょう。

子供ができたというのは、被造世界のすべての核心的な要素が女性のおなかに入っているのと同じです。おなかで十カ月が過ぎる間に、お母さんの心とお母さんの愛が伝わるのです。子供と一つになるのです。

立派な子供が生まれれば、お母さんも立派になります。敏感な女性は、生まれる子供がどのような子か分かるのです。感覚で分かるのです。天下を統治し、天地を動かすことのできる聖人が生まれるとすれば、お母さんはその心と感性で、深く悟るのです。そのようなことを感じてみましたか。

子供を生んで、誰が育てますか。お母さんです。「母の恩」という歌もあるでしょう。子供は一日何回、大小便をしますか。十回も二十回もするでしょう。男性ならば、二回漏らしただけでも音を上げてしまいます。ですから、そのような男性では駄目なのです。餅米のように根気のある情緒をもった女性の胸で、子供は育つのです。お母さんの苦労は偉大なものです。

最近は子供に母乳を飲ませずに、ミルクを飲ませているでしょう。ミルクを飲ませるにしても、そのミルクをお母さんの手が届く所、目の届く所に置いて、お母さんの情を投入しなさい。ミルクを飲ませるために、そのミルク瓶に手を置いて、一日三回福を祈り、お母さんの愛を投入しなさい。そうすると、子供があまり病気もせずに、よく育つでしょう。情緒的面において欠けたところがなくなるでしょう。

このようなことがみな、胎教なのです。根本となる部分によって、良い影響も悪い影響もあるというのは、否定できません。これは科学的な事実です。ですから、ミルクを飲ませるにしても、愛の心を中心として与えなければなりません。

ミルクよりも母乳を飲ませるのは良いことです。野生の動物が、なぜ病気にならないか分かりますか。母乳を飲みながら育つからです。母親が健康であれば、子供は自然に健康になるのです。統一教会のお母さんたちはできるならば、子供が生ま

れて六カ月から八カ月間は、母乳を飲ませなさい。これは先生の特別な訓示なのです。（二〇〇―二八五、一九九〇・二・二六）

これから生まれる祝福の子女たちは、神様の息子、娘として天運に乗って生まれるので、皆さんよりいい息子、娘たちが生まれます。皆さんより運に富んで生まれるので、幼いといって、ぞんざいな言葉を使ってはなりません。霊的に見れば、皆さんよりも基準が高い子供たちなのです。（七〇―一五四、一九七四・二・九）

第三節　奉献式と誕生日、子女教育

私たちは、息子、娘を生めば、八日目に奉献式をします。それは中心数を意味します。中心数ですから、男性と女性が備えなければならず、祖父と祖母が備えなければなりません。三段階の四方を備えなければなりません。中心がなくては、三段

階がありません。誰もが中心の位置で三段階になれるわけではないのです。（五四六—一六〇、二〇〇六・一一・二七）

息子、娘を神様のように育てなければなりません。これが教育の標準です。それでは、神様のような人とは、どのような人でしょうか。顔が大きくて生命力のある、能力の豊かな人ではありません。神様のように愛する人になりなさい、というのです。そのようにしようとするには、完全な人になって神様のような愛で愛そうとすればよいのです。それでは、神様の愛とは何でしょうか。それを分析すれば、父母の愛、夫婦の愛、子女の愛です。それ以外にはありません。その三種類の愛しかないというのです。（七六—二八九、一九七五・三・七）

父母は、生むことだけではいけません。生んで育てなければなりません。教育しなければなりません。何をもって育てなければならないのでしょうか。天の国に行ける教育をしなければなりません。他の教育はできなくても、天の国に行ける教育をしなければなりません。

天の国に行くようになるとき、自分の一族がとどまるその場に行くことができなければならないのです。ですから、教育をしなければなりません。天上の法に対する教育です。それが一番の教育なのです。（二〇八―一〇一、一九九〇・一一・一七）

父母は、育っていく息子、娘に、いかにして父母の思想を伝統的に植えつけなければならないのでしょうか。神様には、復帰摂理のために六千年間苦労されながら、サタン世界から御自身の子女たちをどのようにして引き抜いてくるのかということが問題になるのですが、それと同じように、皆さんには、サタン世界でどのように息子、娘たちを教育するのかということが問題です。皆さんは、このような二重の十字架を甘受しなければならないのです。（二一九―二七三、一九七〇・三・一一）

父母ならば、誰もが子女に、「あなたは国のために、国の偉大な人物とならなければならない」と教えます。世界が目の前に迫ってきているのですから、「あなたは国家的人物になりなさい」と教える時代は、既に過ぎ去りました。今からは、「あなたは世界的な人物にならなければならない」と教育しなければなりません。世界と共に生きなさい！　皆さんの心理がどうなっているのかを先生が知っているので、このように結論を下して話しているのです。（二八―一九二、一九七〇・一・一一）

どんなに貴く立派な夫婦だとしても、子女を生まなければ永遠に父母になれません。父母の位置は、初めての子女が誕生して、産声を上げたその瞬間に決定されるのです。神様は人間を喜びの対象として創造されたと述べました。同じように、夫婦が子女を生んで育てるのは、子女たちを通して神様と同じ永遠の喜びを感じるための創造の役事なのです。

父母は子女を生み、実体の神様の立場で、天の子女として養育しなければなりません。そのようにすることで、無形の神様がアダムとエバを養育した、その真《まこと》の父母の心情圏を体験して相続できるのです。見えない神様の創造の役事を、自分たち夫婦を中心として、息子、娘を養育しながら体験するのです。（二〇〇四・十二・二）

第四節　養子縁組

祝福家庭は、三位基台を編成して暮らさなければなりません。その家庭に子女が生まれれば、四位《よんい》基台が成立します。三位基台の家庭の中で、子女のいない家庭があれば、その家庭に自分の子女を養子として送ることができなければなりません。（二〇―三四五、一九六八・七・二〇）

もし、三家庭の中で一家庭でも子女を生めなければ、子女を生んだ家庭が、生めなかった家庭に子女を生んであげなければならないのです。そのようになっていま

す。(四四―一五三、一九七一・五・六)

赤ん坊を生むことができない女性がいれば、周辺にいる祝福家庭が行き、赤ん坊を生むことができるように、健康でなければ薬を飲ませてあげ、自分たち夫婦が愛する方法を中心として、千種類、一万種類の方法をすべて教えてあげなさいというのです。分かりましたね?

それでもできなければ、町内の十家庭以上が集まり、こぞって「自分が養子・養女をあげる」と争うほどの立場に立てば、そのような家庭の子女は、養子に出しても大丈夫だというのです。(三三二―二一三、二〇〇〇・九・二二)

第五章　聖和

第一節　死に対する理解

私たちが神様に似たいと思い、神様も私たちを神様の息子、娘として御自身に似るようにさせたいという願いをもつのは当然のことです。ですから、人は再び神様に似ることのできる体をもって生まれなければなりません。神様と人間は共に、永生する日を待ち望みます。そのように生まれる日、そのような体に生まれる日、その日が正に、肉身を脱ぐ死の日です。

そうだとすれば、人間は死を歓迎しなければならないでしょうか、それとも悲しまなければならないでしょうか。もちろん歓迎しなければなりません。それでは、私たちが死ぬとき、何のために死ななければならないのでしょうか。神様の真《まこと》の愛、すなわち、ために生きる愛のために死のうとしなければなりません。ですから、肉身を脱ぐというのは、無限の神様の愛の活動圏に私たちが同参するためであり、神

様の愛の世界のためです。（二九七―二五六、一九九八・一二・一九）

一般の人々は、死ねばすべてなくなると考えますが、そうではありません。霊界があるので、そのまま続くのです。霊界に行くためには、地上で準備をしなければなりません。霊界に行けば愛で呼吸するので、地上で愛を中心として生活してこそ、そこでも自由に呼吸できます。地上で愛を中心として生活しなければ、そこで自由に呼吸できません。霊界は、愛を呼吸する世界です。愛の空気のような世界だと考えればいいのです。第二の新しい出発を「死」というのです。ですから、そのように恐れる必要はありません。死は、新しい出発の門を開くことです。（二四九―一二八一、一九九三・一〇・一二）

人間が死ぬのは、肉身では制限された愛でしか愛せないからです。無限大の神様の真《まこと》の愛の対象的実権をもとうとすれば、制限された肉身だけではできません。ですから、無形の霊にならざるを得ません。さらに、愛の理想を全天地に広げて実現するためです。ですから、死は苦痛の道ではなく、宇宙的真の愛を所有できる幸福の門を開く時間です。

死は、這《は》って歩き回る地上世界から、ひらひらと飛び回って暮らせる世界に移ることです。全宇宙を自分の舞台にして、真の愛で楽しめる旅行者の資格をもち、そのような世界に入門するために死の道を行くのです。ですから、死ぬことは正に、新しく生まれることです。（二九八―三一二、一九九九・一・一七）

私たちは、いつかは肉身を脱いで霊界に行かなければなりません。したがって、この世の中に生まれた私たちは、死を覚悟しなければなりません。また、善の自我を第二の「私」として永遠の世界に立てるためには、苦労しなければなりません。母親の腹中で胎教を正しく受けてこそ、健康で善の赤ん坊が生まれるのです。この地上世界においての生活は、腹中での生活と同じです。ですから、神様の形状を模範として、神様の心情を模範として、神様の聖なる神性を模範として育たなければなりません。育って、また命を懸けて越えていかなければなりません。（一四─一七、一九六四・四・一九）

死は、落胆したり、気落ちしたりすることではありません。落ちるのではなく跳躍するようになります。昇華するのです。ですから、死に対する恐怖をもってはいけません。死は、このような自然の循環法度によって訪れます。もっと良い世界に移してもらうための手続きです。（一九六─二七一、一九九〇・一・二）

韓国では、年を取って死ねば、「トラガショッタ（お亡くなりになった、お帰りになった）」と言います。祖父、祖母がなぜおられないのかと聞けば、「トラガショッタ」と言うでしょう。どこに帰ったのですか。霊界に帰ったというのです。本来、無形の神様から出発したので、本然の故郷は無形の世界です。無形の世界から有形の世界を経て、地上で繁殖して生きたのち、再び無形の世界に帰るようになります。そのように帰っていくのです。無形の父母から出発して、有形の父を通じ、母の体を借りて生まれて生きたのち、有形世界の体を脱いで本然の形態に帰っていくのですが、それが霊界に行くことです。（二四二―一六八、一九九三・一・二）

死は第二の出生なので、悲惨ではありません。アダムとエバが堕落していなければ、神様と共鳴圏で暮らしていたはずです。心と体が共鳴するというのです。それで、私たちが地上で愛を中心として生活するようになれば、霊界の愛と同じ波長基準になっているので、地上で暮らしながら霊的世界を感知することができます。

地上で父母から生まれて、父母と共に生きながら、父母から学んで地上生活を完成させるのと同じように、天上世界の愛の母体である神様を中心として生まれ変わり、天の父母と共に永遠の愛の世界で、内的五官を完成した神様の息子、娘として、神様の友として、神様の体として生きていくのです。ですから、死んでなくなってしまうのではありません。死は第二の出生であり、有限な世界から無限の世界に行くときに境界線を突破するためのものであり、峠を越えるためのものなのです。（三〇六―二〇九、一九九八・九・二三）

第二節　昇華と聖和《ソンファ》

※一九八四年に文興進《ムンフンチン》様の「昇華」と「世界昇華式」を基に祝福家庭の「昇華式」が行われるようになりました。その後、二〇一一年十一月十八日付で「昇華式」は「聖和式」に、「元殿式《ウォンチョン》」は「原殿式《ウォンチョン》」に名称が変更されています。

愛の心がないところには希望がありません。愛の心と関心がなければ、関係が結ばれません。死に対しても愛情をもたなければ、その死の向こうの世界を主管する神様と関係を結べないというのです。死の境地を超越しなければ、神様の愛の世界に入っていけないのです。いかなる人も堕落圏を越えられなければ、いくら神様が待っているとしても愛を探し出せません。希望があるところには愛があります。霊界に希望があれば、死も愛をもって越えていかなければなりません。ですから、統一教会では葬式を「昇華式」と言うのです。それは、サタンの防波堤を一気に突破して、昇華していくのです。（三〇六―三〇一、一九九八・一〇・二）

人間は、死ぬこととは何かを知りません。それは悲しみではありません。次元が低い世界から次元の高い世界へ、愛の橋を通じて移動することです。ですから、統一教会は、死を「昇華」と言います。次元の高いところに昇華するのです。それは愛においてのみ可能です。（一三七―三一七、一九八六・一・五）

統一教会では、死んで葬儀をすることを「昇華式」と言います。昇華式なので、死んだ人にすがって泣いてはいけません。泣くのを見ると、死んだ霊が嘆息するのです。「このように無知で、私の行く道を綱で縛って引っ張りながら、行けないようにしている」と言うのです。そのようなことを知っているので、統一教会では「昇華式」と言うのです。天に向かって聖なる飛翔《ひしょう》をするというのです。愛の力をもって押してあげなければなりません。引っ張らないで、押してあげなければなりません。(一九九一一三〇、一九九〇・二・一六)

「昇華式」という言葉は興進《フンジン》君から出てきました。「愛勝日」の「愛勝」という言葉は、死亡に勝つということです。他の人々と同じであれば、お母様も身もだえして這《は》いずりながら痛哭《つうこく》するところですが、お母様は涙を流してはならないのです。三日以内に、この式をしてあげなければなりません。「死亡に勝った」と宣布しなければなりません。そのため、統一教会では昇華式をするのです。死亡を越えて、喜びに向かっていくのです。昇華式を経ていく人々は、霊界のすべての谷間を越えていくのです。(二一二―九六、一九九一・一・二)

「死」という単語は神聖な言葉です。悲しみと苦痛の代名詞ではありません。それで、真《まこと》の父母様がその単語を「聖和《ソンファ》」に直して発表しました。「聖」の字です。上がっていく「昇」の字ではありません。この「聖和」という言葉も、先生が使う単語です。「昇華」と「聖和」を区別できなかったので、「聖和」に直して発表したのです。

地上の人生を花咲かせて実を結び、穀物を抱いて歓喜と勝利の世界に入るときが、霊界入門の瞬間です。一度しかない時です。そのため、喜ぶべき瞬間です。心ゆくまで祝って送り出してあげるべき時です。悲しみの涙ではない、喜びの涙を流すべき時です。永遠の生命が生きていくべき人生行路において、死後の三日間は一秒にもならないのに、なぜそれを悲しむのかというのです。それを悲しんでいては、永遠であるべき生命が死んで、なくなるのです。どれほど恐ろしいでしょうか。理にかなった話です。悲しみの涙ではない、喜びの涙を流すべき時です。この「聖和」というのは、三日間、遺体を前にして、霊界に行く道のために精誠を尽くすことな

のです。それで、この「昇華式」という言葉を「聖和式《ソンファ》」という言葉に直したのです。（二〇一一・一一・二二）

第三節　聖和に関する礼式

統一教会の教会員は、霊界を越えていきます。先生は、死に対する恐怖がありません。堕落とは何かといえば、死亡をもたらしたことなので、宗教が復活圏をつくらなければなりません。「愛勝日」を通して昇華式をすることができました。それで原殿《ウォンヂョン》です。死亡ではありません。天国に直行です。地上の国から天国の宮殿に連結されるのです。それが原殿です。世の中にそのような宗教は、統一教会しかありません。（三五七—三三、二〇〇一・一〇・二五）

統一教会の食口《シック》が行く所は、原殿です。原殿とは、母の腹の中から根本を訪ねていくという意味です。原殿とはどこでしょうか。人の生まれる前、母の腹の中です。大きくても小さくても、精子と卵子が出会ったその瞬間から、息をして一緒になって喜びながら生きるというのです。二つが共に押し合いながら存続するのです。その原殿理想を通過しなければならないというのです。原殿の「殿」は、宮殿の「殿」です。母の卵子が父の精子と出会って地上に生まれる前の、理想の神様の中にあった根本を訪ねていくのです。（五八二―一四四、二〇〇七・一二・六）

七星板《チルソンパン》（棺の底に敷く板）とは何か、知っていますか。人が死んで、棺に入る前、きれいに洗って準備をします。棺に移す前に、板の上に置いて、すべて洗わなければなりません。その場で一つにならなければ、棺に入れないのです。誰がそれをしてあげるのでしょうか。最も愛する人がするのです。寿衣《じゅい》も、精誠を尽くしてあらかじめ用意し、着せて送り出さなければなりません。死んで棺に入るときに着る服を寿衣と言います。忠臣と孝子の代表となる人たちが縫い始めて、それを受け取って作るというのです。

天国に行こうとすれば、霊界に行こうとすれば、愛国者と忠臣の伝統に従わなければなりません。韓国の葬式には、そのような意味があります。統一教会が遺体を葬る所を、「共同墓地」とは言わず、「原殿《ウォンヂョン》」と言います。天地が解放されるために、その場に入って埋葬されたいのです。そのような根本的な宮殿を意味するのが原殿です。そこには、誰でも埋葬することはできません。殉教などをした人々が埋葬されるのです。（四七八—九七、二〇〇四・一一・二八）

第六章　聖歌

統一教会の聖歌の中で、「統一勇士の歌」の内容は、第一が心情です。一番は、「心情の因縁《ゆかり》で世界は生き」で始まります。真理の因縁で世界が生きるのではありません。人が死んだり生きたりするのは、生命の源泉である愛によってです。神様の愛によって、死んだり生きたりするのです。真理は道しるべです。実体と関係を結ぶための橋と同じであり、心情を伝達するための中間形態です。「心情の因縁で世界は生き」というときの心情は、神様の心情です。

この心情は、神様が今に至るまで堕落したこの世界に対して抱いている、蕩減《とうげん》復帰すべき恨《ハン》の心情ではなく、解怨しようとする心情です。神様の恨を解いてさしあげようとすれば、まず神様の恨とは何かを知らなければなりません。神様の恨は、御自身が真実に愛し得る個人を探し出せなかったことであり、家庭を探し出せなかったことであり、氏族、民族、国家、世界、天宙を探し出せなかったことです。（一四―一八一、一九六四・一〇・三）

「勝利者の新歌」は、私が作ったものです。この歌の四番に、「創りし主のみ旨」が出てきます。このみ旨を出発しながらつくった昔の歴史が、きょう、花を咲かせた現場、新しい天国の名前を代表する天一国《てんいちこく》の広場を前に、最初の年、最初の朝の集まりでこの歌詞を聞きながら、本当に感慨深かったのです。その夢は、偽物の夢ではなく（神様の夢であり）、神様の代わりに（私が）夢見たものだったので、間違いなく成し遂げられるというのです。（三六四―九六、二〇〇二・一・一）

興南《フンナム》監獄から出てきて、平壌《ピョンヤン》で食口《シック》たちを収拾するとき、私が精誠を尽くしながら作った歌が、「栄光の賜物」です。その歌を聞けば、その時の状況がどのようなもので、お父様の立場がどのようなものであるかが、よく描かれています。

そのような過程を経てみてこそ、その歌が自分の歌になるのです。そのように生きなければなりません。他人の歌ではありません。「私」の歌であると同時に、私の家庭の歌であり、私の家庭の歌以上に私の一族の歌であり、私の国の歌であり、私の世界の歌だというのです。

そのような過程を経てこそ、永遠のあの国（霊界）に行き、父母様に侍《はべ》って一緒に喜び、幸福を享受できる解放された王子、王女になることができます。皆さんは、そのような過程を経なければなりません。（五七九―一四五、二〇〇七・一〇・二九）

「園の歌」を歌いながら酔いしれ、涙を流し、「壁も私の友達だ」と言いながら暮らした頃が懐かしいときが多くあります。この「園の歌」とは、夫と妻の夫婦で暮らす園、そのような環境のことです。そのように生きなければなりません。お互いが主になり、主の相対になって、すべてが喜び得る花が咲いたので、香りが漂わなければならず、蝶《ちょう》と蜂が和動しなければなりません。千種類のものが和合し、和動しなければならないというのです。町内に住みながら、関心を残せる夫婦になれなければ、その町内で負債を負うのです。（五六九―二二一、二〇〇七・七・二五）

統一教会員は、「園の歌」の歌声が聞こえれば、いくら遠くにいても、みな喜びます。その歌声がする所に行ってみたくなるのです。そこに行って一緒に歌えば、良かったり悪かったりという喜怒哀楽が同伴するようになります。言葉というのは有り難いものであり、言葉の中でもさらに有り難いものが、歌です。(三三三—二〇八、二〇〇〇・九・二二)

第七章　シンボルマークと旗

第一節　シンボルマークの意義

宇宙のすべてのものは、授受の因縁をもって創造されました。この旗（統一旗）は、宇宙が、人間の住んでいる太陽系の太陽を中心として形成されているように、天宙が神様を中心として構成されていることを象徴しているのです。この旗の中心部は、我々の理想となるすべてのことが連なっていることを象徴しています。これを中心として十二の線が放射状に描かれているのですが、その中の太い四本の線は四方を表示しています。一つの存在が中心を取って立つためには、四方が設定されていなければなりません。すなわち四位《よんい》基台なのです。次に十二本の線は、四方の東西南北を中心とした一年十二カ月を表現したもので、これが授受の関係によって回っているのです。

全体的に見れば船の舵《かじ》を表現しているのですが、これは我々が天宙を運転しなければならないことを表しています。

このように、旗の中には我々の理想である創造原理のすべてのことが入っています。本来、旗は国家を象徴するものです。現在、この統一旗は我々の教会を代表するものですが、我々の理想は教会だけでなく、すべての歴史の希望であり、現在と未来の希望である唯一の世界、神の心情にかなった世界、神の創造目的がなされる世界と、その輝かしい日を象徴しています。

したがってこの旗を常に心に抱き、神様の心情と共に暮らす者は、サタンのあらゆる試練や反逆の勢力を克服する力をもっていることを象徴しています。だから皆さんがそのように信じ、勇気をもって進んでいくならば、いかなる所に行っても、神様がこの旗と共に皆さんに役事してくださるのです。(一五─七、一九六五・一・二九)

第二節　統一旗の使用

統一教会の旗を揚げるのは、「通り過ぎる統一教会の教会員は、おなかがすいていればここに入ってきて、お昼どきなら昼食でも食べていき、休んでいきなさい」という表示です。そのため、いつもお客さんをもてなす準備をしなければならないというのです。父母様を身代わりして、そのような準備をしなければなりません。ですから、部屋もなければなりません。父母様に侍《はべ》ることによって救いを得るのですが、父母様が来られないので、父母様の代わりにお客さんに侍ろうというのです。この思想は、天の最高の基準に平準化思想を連結させるためのものです。そのような意味で、お客さんを神様のように、父母様のように侍りなさいというのです。そのような人は福を受けます。（一六九―二二一、一九八七・一〇・三一）

父母様の写真を掲げ、統一教会の旗さえ掲げれば、それで天の国の一族になるのです。天の国の一族にしてあげようというのです。それで、旗を掲げたことを批判して、罰を受けた人がいます。本当に不思議です。先生に対して後ろ指をさした人の手が病気になり、幾晩も祈って悔い改めて、ようやく治るということが起こるのです。なぜでしょうか。天運が訪ねてくるのですから、個人の運勢で防ぐことはできません。宿命的な道です。変えることはできません。

モーセが杖《つえ》を持っている時、それを仰ぎ見た人は、すべて生き残りました。統一教会の旗を見つめて、出掛けるたびに敬拝し、帰ってくるたびに敬拝し、真《まこと》の父母様の写真を見ながら、出掛けるたびに敬拝し、帰ってくるたびに敬拝すれば、生きるというのです。(二二九―九一、一九九一・八・二五)

第三節　世界平和統一家庭連合の出発

これから統一教会の名前を、「世界平和統一家庭連合」という名称に変更して使用します。「世界平和統一家庭連合」が中心となって先頭に立っていくのです。今までは、統一教会が先頭に立ちましたが、これからは家庭連合が先頭に立ち、統一教会は徐々になくなっていく時が来るのです。統一教会の「世界基督《キリスト》教統一」という言葉はなくなるのです。キリスト教が責任を果たせませんでした。それで、その次元を超えて、キリスト教の祝福が万民にすべて委譲される時代に入っていくというのです。

「世界基督教統一神霊協会」の神霊も、結局、真の父母様を中心として地上に家庭的メシヤの基準が定着するときには終わるのです。神霊の実体をこの地上に迎えて暮らすべき人々が真の父母の継承者たちなので、その真の父母は、霊的完成と地上完成を代表した家庭の出発から、国家出発、世界出発、天宙出発を代身できる一つのモデル的な基台になるのです。そのため、「世界基督教統一神霊協会」時代は過ぎ去っていくというのです。（二八三―一〇、一九九七・四・八）

今までの宗教は、個人を救うための宗教でした。これが歴史始まって以来、今までで宗教が越えようとした一つの峠でした。この個人の峠を越えれば、家庭の峠があります。統一教会は、個人の救いを目標とする教会ではありません。六千年間、個人の救いを中心としてきた宗教形態から抜け出し、家庭を救うための宗教にならなければなりません。これが今後、統一教会が解決すべき歴史的課題です。

今まで、家庭の救援を目標にしてきた宗教はありませんでした。今まで歴史過程を経てきた数多くの宗教は、国家を建てる位置に上がることができませんでした。救いの目的が、個人の救援だったからです。（家庭の救いに基づいた）社会の救援、国家の救援を目的としたのではありませんでした。ただ個人の救援を宗教の目的としてきたのです。（三二―一〇、一九七〇・四・八）

神様を中心として、真《まこと》の愛の血統を受け継いでいたならば、真の生命、真の血統と真の良心をもった真の「私」になったでしょう。堕落によって偽りの私になったので、体と心が闘っているのです。今や本然的アダム家庭の世界型版図に加入すべき時代に入ったので、全世界の人々が家庭を中心として完成しなければなりません。

完成すべきものは何でしょうか。堕落した家庭を蕩減《とうげん》復帰した家庭にしなければならないのですが、これは、「世界平和統一家庭連合」を通して、世界的に各自が努力して備えなければなりません。

完成は、アダムとエバが（彼ら自身で）しなければならないのです。神様がしてくれるのではありません。真の父母がしてくれるのではありません。これができることによって家庭連合が形成されるのです。これは、世界的な組織です。堕落した世界のアダムの血統を越えるのです。山を越え、坂道を越えるように、復帰過程を上がっていって失敗すれば、いつでもこれを繰り返すのです。何百万年、何千万年、繰り返すのです。（二七五―一〇、一九九五・一〇・三〇）

侍義生活《じぎせいかつ》ハンドブック【み言編《ことばへん》】

2018年11月8日　初版第1刷発行

編　集　世界平和統一家庭連合
発　行　株式会社　光言社
〒150-0042　東京都渋谷区宇田川町37-18
電話 03-3467-3105
https://www.kogensha.jp
印　刷　株式会社　ユニバーサル企画

ISBN978-4-87656-375-3
定価はブックカバーに表示してあります。
乱丁・落丁本はお取り替えいたします。